Maravillas de Estados Unidos hechas por el hombre

Jennifer Overend Prior, Ph.D.

Asesora

Caryn Williams, M.S.Ed.
Madison County Schools
Huntsville, AL

Créditos de imágenes: págs. 6 (derecha), 29 (abajo) Blaine Harrington III/Alamy; pág. 12 Ian Dagnall/Alamy; pág. 15 (izquierda) Interfoto/Alamy; pág. 10 (arriba) Associated Press; pág. 22 The Bridgeman Art; pág. 7 Bettmann/Corbis; pág. 16 Blue Lantern Studio/Corbis; pág. 13 (arriba) Bluford W. Muir/Corbis; pág. 8 (derecha) Imagno/Getty Images; pág. 24 Three Lions/Getty Images; pág. 8 (izquierda) Underwood Archives/Getty Images; pág. 15 (derecha) The Granger Collection, NYC/The Granger Collection; págs. 17 (fondo), 18, 29 (arriba) iStock; pág. 23 (derecha) LOC, LC-DIG-highsm-12311 The Library of Congress; pág. 17 (arriba) Andre Jenny/Newscom; pág. 19 (derecha) North Wind Picture Archives; pág. 6 (derecha), 19 (izquierda), 25 (arriba y abajo) Wikimedia Commons; todas las demás imágenes pertenecen a Shutterstock.

Teacher Created Materials
5301 Oceanus Drive
Huntington Beach, CA 92649-1030
http://www.tcmpub.com
ISBN 978-1-4938-0599-0

Índice

Maravillas hechas por el hombre

Una maravilla es un lugar que tiene algo especial. Muchas maravillas se encuentran en la naturaleza. El Gran Cañón y las cataratas del Niágara son buenos ejemplos. A las personas les gusta visitar estas maravillas naturales para apreciar la belleza de la naturaleza. También hay maravillas hechas por las personas. Las llamamos maravillas hechas por el hombre.

La mayoría de las maravillas hechas por el hombre honran algo del pasado. En esos lugares, ocurrieron eventos especiales. Estas maravillas pueden ser cosas como edificios o estatuas. Rinden tributo al pasado. Nos recuerdan sucesos clave.

El letrero de Hollywood se creó como publicidad en 1923.

Es importante **preservar** las maravillas de Estados Unidos. El gobierno ayuda a protegerlas. Cuida de ellas para que podamos visitarlas. Las maravillas son especiales. Nos ayudan a recordar nuestro pasado. Cuentan la historia de Estados Unidos.

Alrededor de nosotros

Estados Unidos tiene miles de maravillas hechas por el hombre. De hecho, hay muchas en cada uno de los 50 estados.

edificio del Capitolio de Estados Unidos en Washington D. C.

Edificio Empire State de la ciudad de Nueva York

Maravillas del Oeste

El 7 de diciembre de 1941, Japón bombardeó buques estadounidenses en Pearl Harbor, Hawái. Más de 2,000 personas murieron ese día. El USS *Arizona* fue un barco que se hundió. Además, se hundieron muchos otros. Esto tuvo lugar durante la Segunda Guerra Mundial.

Hoy en día, las personas visitan Pearl Harbor. Piensan en los valientes soldados que murieron allí. Se construyó un **homenaje** sobre el barco hundido. Se llama Memorial USS *Arizona*. Un homenaje honra un evento en el que murieron muchas personas. Este homenaje es un edificio largo. Tiene una combadura en el medio y se eleva en ambos extremos. Esto se realizó así por un motivo. Es un símbolo de que Estados Unidos fue débil durante un tiempo breve, pero luego volvió a fortalecerse. Se llama Valor en la Segunda Guerra Mundial en el Pacífico. *Valor* significa "valentía". Los hombres y mujeres que murieron allí eran valientes. Lucharon para proteger nuestro país.

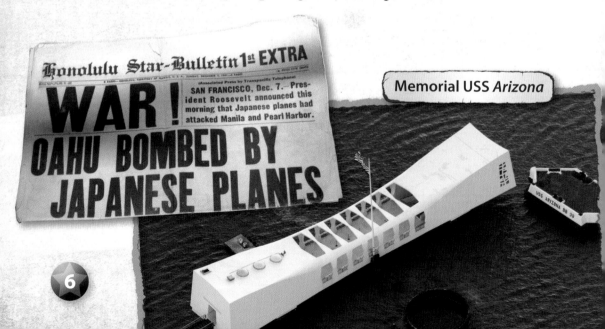

Memorial USS *Arizona*

Segunda Guerra Mundial

La Segunda Guerra Mundial duró de 1939 a 1945. Involucró prácticamente a todas las partes del mundo. Estados Unidos no participó en la guerra hasta después del ataque a Pearl Harbor.

Los marineros rescatan a alguien del agua tras el bombardeo de Pearl Harbor.

Muchos pensaban que no podía hacerse, pero el Puente Golden Gate se completó el 27 de mayo de 1937. Se encuentra en San Francisco, California. Fue un puente difícil de construir. Tenía que cruzar un **estrecho** de tres millas. Un estrecho es un canal de agua angosto. Conecta dos cuerpos de agua más grandes. Estos dos cuerpos de agua son la bahía de San Francisco y el océano Pacífico. Este estrecho es conocido por su niebla densa, fuertes ráfagas de viento y fuertes mareas.

el Puente Golden Gate durante su construcción en 1936

¡Luces, cámara, acción!

El Puente Golden Gate ha aparecido en muchas películas. Algunas de ellas incluyen *Superman*, *Viaje a las estrellas* y *X-Men*. ¿Has visto el famoso puente en una película?

Los automóviles cruzan el Puente Golden Gate el día de su apertura, 6 de agosto de 1937.

El puente es un puente colgante. Esto significa que el puente está colgado de cables sostenidos por torres. Se necesitaron cuatro años para construirlo. El puente anaranjado es conocido en todo el mundo. Su color anaranjado se eligió por un motivo. El color cálido luce bien en contraste con los colores fríos del agua y el cielo. Además, el anaranjado es fácil de ver para los barcos que pasan cuando hay niebla densa.

La **Presa** Hoover fue construida porque las personas que vivían en el Oeste tenían una inquietud. Querían encontrar una manera de controlar el río Colorado. El poderoso río fluye desde las Montañas Rocosas hasta el golfo de California. Es el río que recorre el Gran Cañón. El problema era que el río producía grandes inundaciones en la primavera. Luego, se secaba en el verano. Las personas querían detener la inundación y almacenar el agua para usarla durante los veranos secos.

túnel de la Presa Hoover en construcción, 1932

Cambio de nombre

Al principio, la Presa Hoover recibió el nombre la Presa Boulder. En 1947, el nombre se cambió a Presa Hoover para honrar al presidente que la había construido.

Estas turbinas usan agua en movimiento para generar electricidad.

En 1931, el presidente Herbert Hoover contrató muchos trabajadores para que construyeran una enorme presa. Es un gran muro que detiene el flujo de agua o reduce su velocidad. ¡La presa funcionó! Evitó que el río se inundara. Además, almacenó agua para los meses de verano. La presa incluso permitió tomar la energía del agua en movimiento y convertirla en **electricidad**.

La construcción de la presa tomó cinco años y aún funciona en la actualidad. Nos recuerda que los estadounidenses pueden resolver grandes problemas si trabajan juntos.

Presa Hoover

El Pueblo de Taos es una comunidad indígena norteamericana de Nuevo México. Un pueblo es un conjunto de viviendas. Está compuesto de varias plantas, o niveles, de habitaciones. Las viviendas están construidas con **adobe**. Este es un tipo de ladrillo hecho con paja, barro y agua. Los ladrillos se dejan al sol para que se sequen. Los indígenas norteamericanos pueblo lo construyeron hace más de 1,000 años. Lo construyeron cerca del río Grande. Querían vivir cerca del agua. El río les ofrecía agua para beber y usar para la agricultura.

Esta es una maravilla importante. Nos muestra cómo solían vivir los primeros indígenas norteamericanos. Aún hay miembros de la tribu pueblo que viven allí. Cuidan muy bien del pueblo. También reciben visitas. Las personas pueden observar las danzas de los indígenas. ¡Incluso pueden recibir una invitación para participar en un día de banquete con una familia! Es un día especial en el que se come y se realizan visitas.

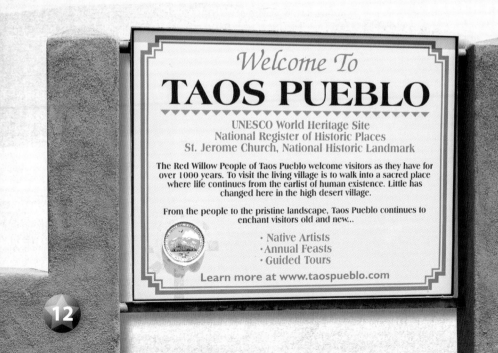

Cantantes y tamborileros hacen una danza de la guerra en el Pueblo de Taos en 1960.

Dos hogares

En el pueblo, tienen la tradición de no tener agua corriente ni electricidad. Entonces, muchas familias tienen dos hogares. Uno está afuera del pueblo. Este es el hogar en el que la familia vive la mayor parte del tiempo. Luego, usan el pueblo para las ceremonias tradicionales.

Maravillas del Medio Oeste

El Monumento Nacional Monte Rushmore se encuentra en Dakota del Sur. Es una gran montaña con rostros esculpidos en ella. Los rostros son de cuatro presidentes estadounidenses. Muestra a George Washington. Fue nuestro primer presidente. Otro rostro pertenece a Thomas Jefferson. Redactó la Declaración de Independencia. Luego, se encuentra Theodore Roosevelt. Ayudó a conservar las maravillas naturales de Estados Unidos. El último rostro es el de Abraham Lincoln. Ayudó a unir a Estados Unidos cuando este estaba separado. El homenaje se realizó para honrar a estos grandiosos hombres.

La construcción del Monumento Nacional Monte Rushmore tomó 14 años. Finalmente, se terminó en 1941. Costó un millón de dólares. Más de 350 trabajadores ayudaron a esculpir los rostros en la montaña. ¡Usaron **dinamita** para hacerlo! En el sitio de la maravilla hay un museo. Allí también hay banderas de los 50 estados. Las personas de todo el país visitan el Monte Rushmore. Nos ayuda a recordar a estos grandiosos líderes estadounidenses.

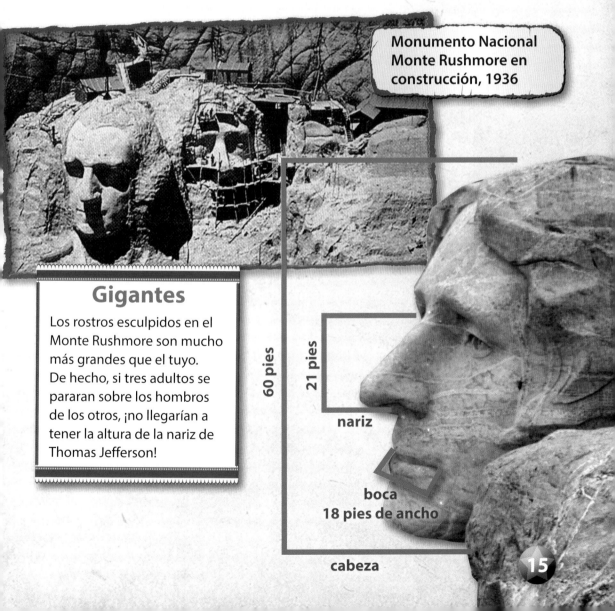

Monumento Nacional Monte Rushmore en construcción, 1936

Gigantes

Los rostros esculpidos en el Monte Rushmore son mucho más grandes que el tuyo. De hecho, si tres adultos se pararan sobre los hombros de los otros, ¡no llegarían a tener la altura de la nariz de Thomas Jefferson!

60 pies

21 pies

nariz

boca
18 pies de ancho

cabeza

Dos hombres salieron de St. Louis, Misuri, en 1804 para explorar el oeste de Estados Unidos. Ellos inspiraron el Arco Gateway. Pronto, muchas más personas se trasladaron al oeste. Muchas de ellas atravesaron St. Louis. Esta ciudad fue un buen lugar para comenzar el viaje. Se encuentra en el río Misisipi. Las personas podían llegar allí rápidamente en bote. Las personas llamaban a St. Louis la **Entrada** al Oeste.

En la década de 1930, las personas de St. Louis querían construir un monumento. Decidieron construir un gran arco. Les recordaría a las personas que St. Louis era la Entrada al Oeste. Se necesitaron muchos años de planificación. Los trabajadores comenzaron a construir el arco en 1963. Se finalizó en 1965.

Lewis y Clark

Los dos hombres que salieron de San Luis en 1804 para explorar el oeste de Estados Unidos fueron Meriwether Lewis y William Clark. El presidente Thomas Jefferson los envió a realizar este recorrido. Regresaron a St. Louis en 1806.

Muchas personas visitan el arco cada año. Llegan hasta arriba en ascensores. Desde la parte superior del arco, pueden mirar St. Louis. Allí, pueden pensar en todas las personas que atravesaron la ciudad para encontrar nuevos lugares para vivir en el Oeste.

Personas en la parte superior del arco miran la ciudad.

Maravillas del Sur

En 1724, personas provenientes de España construyeron El Álamo. Lo construyeron donde actualmente se encuentra San Antonio, Texas. Se construyó para que funcionara como **misión**. Las misiones son edificios que se usaban para realizar tareas religiosas. Los españoles vivían en la misión. Compartían sus ideas religiosas con los demás.

A principios de la década de 1830, México controlaba Texas. Pero muchos habitantes de Texas querían ser libres. Querían que Texas fuera un país autónomo. Combatieron una guerra contra México para ser libres. Esta guerra se llamó la *Revolución de Texas*.

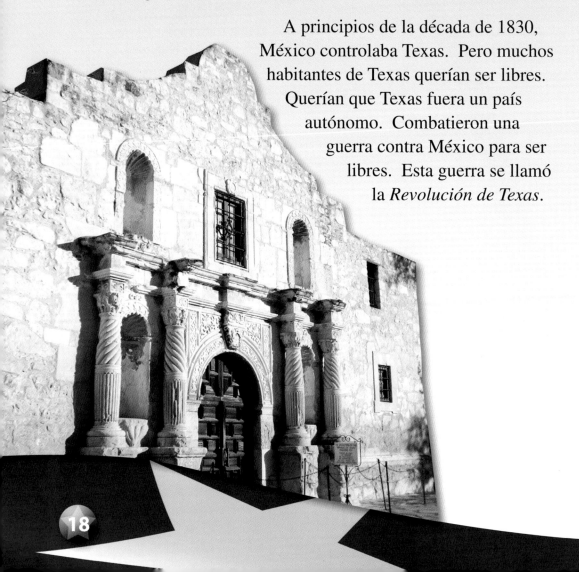

Personas combaten en El Álamo.

Susanna Dickinson

Vivió para contar la historia

Todos los hombres que estaban dentro de El Álamo murieron en la batalla. Pero había mujeres y niños que sobrevivieron. Una mujer se llamaba Susanna Dickinson. Ella vivió para contar la historia de El Álamo.

En 1836, una importante batalla de la guerra tuvo lugar en El Álamo. Había un grupo de texanos dentro de El Álamo. Luego, llegó el ejército mexicano. Querían que los texanos se rindieran. Pero los texanos se negaron a hacerlo. Dispararon un cañón contra el ejército mexicano. La batalla había comenzado, pero no duró mucho tiempo. El ejército mexicano era demasiado grande. Todos los hombres que estaban dentro de El Álamo murieron. Pero ese mismo año, Texas obtuvo su libertad.

Washington D. C. es la **capital** de nuestra nación. Hay muchas maravillas en esta famosa ciudad. Una de ellas es el Monumento a Washington. Es un gran **obelisco**. Es una columna alta con cuatro lados. Se vuelve angosta y termina en punta en la parte superior. Se construyó para honrar al primer presidente, George Washington. Él fue un líder valiente y honesto. Trató de hacer lo mejor para Estados Unidos.

Se necesitó mucho tiempo para construir el monumento. Todo el monumento está hecho con **mármol**. Fue difícil conseguir suficiente mármol para terminarlo. Se inició en 1848 y, finalmente, se terminó en 1884. Hay un ascensor dentro del monumento. ¡Puedes recorrerlo hasta la punta!

Combatiente por la libertad

George Washington fue nuestro primer presidente. Pero antes de eso, lideró el ejército cuando Estados Unidos luchaba para ser libre de Gran Bretaña. Ayudó a Estados Unidos a convertirse en un país independiente.

En 2011, se produjo un terremoto en Washington D. C. El monumento se sacudió. Se cayeron piedras y aparecieron grietas. Fue necesario cerrar el monumento para repararlo. Incluso mientras estaba cerrada, la maravilla continuó siendo un símbolo de uno de nuestros grandes líderes.

Junto al Monumento a Washington florecen cerezos.

Maravillas del Noreste

Independence Hall se encuentra en Filadelfia. Se construyó en 1756. *Independencia* significa "libertad". Es un símbolo de nuestro país. Se le llama el *lugar de nacimiento de Estados Unidos*.

Independence Hall

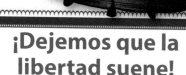
la Campana de la Libertad

Hombres firman la Constitución de EE. UU. en Independence Hall.

¡Dejemos que la libertad suene!

Hay otra maravilla hecha por el hombre cerca del Independence Hall. Es la Campana de la Libertad. La campana se tocó cuando se leyó por primera vez en voz alta la Declaración de Independencia a los habitantes de Filadelfia.

Este es el lugar en el que se aprobó la Declaración de Independencia. La Declaración decía que Estados Unidos era un país autónomo. Entonces, Estados Unidos luchó una guerra contra Gran Bretaña por su libertad. Independence Hall es también donde se firmó la **Constitución de EE. UU.** La Constitución de EE. UU. es el conjunto principal de leyes de nuestro país. Los líderes del estado se reunieron en este lugar para redactar estas leyes.

Con el tiempo, la parte superior del lugar se debilitó mucho. Tuvieron que derrumbarla. Pero arreglaron el lugar. Ahora, tiene el mismo aspecto que tenía en los inicios de nuestro país. Muchos estadounidenses lo visitan todos los años. Nos recuerda lo valientes que eran nuestros primeros líderes. Nos ayuda a recordar la guerra que combatieron para que pudiéramos ser libres.

La Estatua de la Libertad es una de las maravillas más famosas de nuestro país. *Libertad* significa "autonomía". En 1886, Francia le regaló la estatua a Estados Unidos. Francia quería agradecerle a Estados Unidos por defender la libertad.

La estatua se erige en la Isla de la Libertad frente a la costa de Nueva York. Tiene más de 300 pies de alto. La Señora Libertad tiene una tableta en una mano y una antorcha en la otra. ¡La antorcha está recubierta con oro real! La estatua está recubierta de cobre. Es un metal marrón rojizo. Con el paso de los años, el agua cambió el color del cobre. Es por eso que, en la actualidad, la estatua es de color verde.

Inmigrantes observan la Estatua de la Libertad desde su barco en 1948.

¡Bienvenidos!

Hace mucho tiempo, muchos **inmigrantes** llegaron a Estados Unidos. Los inmigrantes son personas que se mudan a otro país para vivir allí. La mayoría de los inmigrantes llegaron en barco desde Europa hasta Nueva York. ¡Solían pasar junto a la Estatua de la Libertad y aclamar!

En la base de la estatua hay un poema escrito por Emma Lazarus. Un verso del poema dice: "Denme sus abatidos, sus pobres, sus amontonadas multitudes". Esto le dice al mundo que en Estados Unidos son bienvenidas todas las personas.

Emma Lazarus

poema en la base de la estatua

THE NEW COLOSSUS.

NOT LIKE THE BRAZEN GIANT OF GREEK FAME,
WITH CONQUERING LIMBS ASTRIDE FROM LAND TO LAND;
HERE AT OUR SEA-WASHED, SUNSET GATES SHALL STAND
A MIGHTY WOMAN WITH A TORCH, WHOSE FLAME
IS THE IMPRISONED LIGHTNING, AND HER NAME
MOTHER OF EXILES. FROM HER BEACON-HAND
GLOWS WORLD-WIDE WELCOME; HER MILD EYES COMMAND
THE AIR-BRIDGED HARBOR THAT TWIN CITIES FRAME.
"KEEP ANCIENT LANDS, YOUR STORIED POMP!"
CRIES SHE
WITH SILENT LIPS. "GIVE ME YOUR TIRED, YOUR
POOR,
YOUR HUDDLED MASSES YEARNING TO BREATHE FREE,
THE WRETCHED REFUSE OF YOUR TEEMING SHORE.
SEND THESE, THE HOMELESS, TEMPEST-TOST TO ME,
I LIFT MY LAMP BESIDE THE GOLDEN DOOR!"

THIS TABLET, WITH HER SONNET TO THE BARTHOLDI STATUE
OF LIBERTY ENGRAVED UPON IT, IS PLACED UPON THESE WALLS
IN LOVING MEMORY OF
EMMA LAZARUS

Cómo conservar nuestras maravillas

Hay muchas maravillas asombrosas hechas por el hombre en nuestro país. Cada una tiene su propia historia que contar. Es importante que aprendamos sobre estas maravillas. Nos recuerdan eventos grandiosos del pasado. Nos ayudan a recordar cosas increíbles que han logrado las personas. Nos enseñan sobre los indígenas norteamericanos. Nos cuentan sobre nuestros primeros líderes. Juntos, crean la historia de nuestro país.

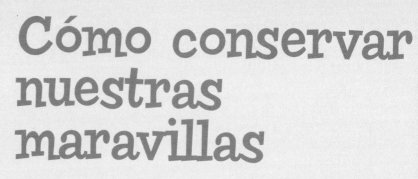

Edificio Empire State

Puente Golden Gate

Monumento Nacional Monte Rushmore

Es importante que preservemos estos lugares especiales. Es necesario que los cuidemos. Queremos que permanezcan erguidos por mucho tiempo. Queremos que nos hagan recordar y ayuden a enseñar a los futuros estadounidenses sobre nuestro rico pasado.

Probablemente, haya maravillas hechas por el hombre cerca de donde vives. ¡Piensa en todas las cosas que puedes aprender si visitas lugares en tu propia ciudad o estado!

Arco Gateway

El Álamo

Estatua de la Libertad

¡Cántala!

Elige tu maravilla favorita hecha por el hombre sobre la que hayas leído en este libro. Investígala. Luego, escribe una canción sobre esa maravilla. Cántales la canción a tus familiares y amigos.

Puente Golden Gate

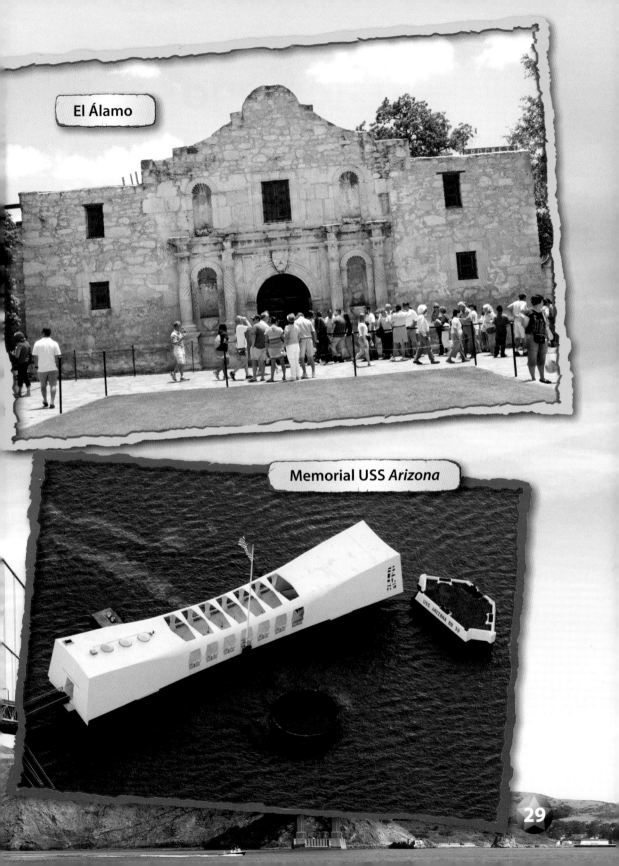

El Álamo

Memorial USS *Arizona*

Glosario

adobe: un tipo de ladrillo hecho con una mezcla de barro y paja que se seca al sol

capital: la ciudad donde se encuentran las oficinas principales de un gobierno

Constitución de EE. UU.: sistema de creencias y leyes según el cual está organizado Estados Unidos

dinamita: un explosivo poderoso

electricidad: una forma de energía que se transporta a través de cables y se usa para operar luces y máquinas

entrada: pasaje o punto de ingreso

estrecho: un pasaje angosto de agua que conecta dos grandes cuerpos de agua

homenaje: algo que rinde honor a una persona que murió o que sirve de recordatorio de un evento en el que murieron muchas personas

inmigrantes: personas que se mudan a otro país para vivir allí

misión: un edificio donde se realizan tareas religiosas

monumento: un edificio, estatua o lugar que rinde honor a una persona o evento

mármol: un tipo de piedra que a menudo se pule

obelisco: una columna alta con cuatro lados que se afina hasta terminar en una punta

presa: una estructura que se construye sobre un río o arroyo para detener el paso del agua

preservar: conservar algo en su estado original o en buenas condiciones

Índice analítico

¡Tu turno!

Maravillas del futuro

¿Qué tipos de maravillas crees que se crearán en el futuro? ¿A quiénes honrarán? ¿Qué evento nos ayudarán a recordar? Diseña una nueva maravilla hecha por el hombre. Haz un dibujo de ella. Luego, escribe un párrafo sobre ella.